괴물 곤충연구소

교과 연계

3~6학년 국어 1, 2학기 독서단원
3학년 1학기 국어 1단원 생생하게 표현해요
3학년 1학기 국어 3단원 짜임새 있는 글, 재미와 감동이 있는 글
4학년 1학기 국어 1단원 깊이있게 읽어요
4학년 1학기 국어 5단원 말과 글로 전하는 생각

즐거운 동화여행 201

괴물 곤충연구소

2025년 6월 20일 초판 1쇄

글 이영은   그림 인디고
펴낸이 김숙분   디자인 김은혜   홍보·마케팅 최태수
펴낸 곳 (주)도서출판 가문비   출판등록 제 300-2005-60호
주소 (06732) 서울 서초구 서운로 19, 1711호(서초동, 서초월드오피스텔)
전화 02)587-4244~5   팩스 02)587-4246   이메일 gamoonbee21@naver.com
홈페이지 www.gamoonbee.com   블로그 blog.naver.com/gamoonbee21/
제조국 대한민국   사용 연령 10세 이상
주의사항 종이에 베이거나 긁히지 않게 조심하세요.

ISBN 978-89-6902-793-1 73810

ⓒ 2025 이영은, 인디고

- 책값은 뒤표지에 있습니다.
- 잘못된 책은 구입하신 곳에서 바꾸어 드립니다.
- 이 책의 내용과 그림은 저자와 출판사의 허락 없이 사용할 수 없습니다.

괴물 곤충연구소

이영은 글 인디고 그림

차례

작가의 말 _ 6

1. 특별한 이벤트 _ 9

2. 우리가 뽑혔어? _ 16

3. 괴물 곤충을 만나다 _ 21

4. 벌레 천국이 된 동네들 _ 30

5. 거대 곤충의 공격 _ 41

6. 빨간 개구리 떼와 거대한 거미 _ 51

7. 양심 불량까들 _ 60

8. 오프라인 모임 _ 62

9. 곤충 포획 대작전 _ 71

10. 힘을 모아서 _ 86

11. 찐짜 곤충연구소 _ 103

작가의 말

 게임 캐릭터를 생성하듯 장난스럽게 만든 곤충 캐릭터가 유전자 편집을 통해 실제 동물로 만들어진다면 과연 어떤 일이 벌어질까요?
 이미 우리 사회에서는 외래 동물의 등장으로 생태계가 파괴되거나, 기후 환경의 변화로 곤충 떼가 도시에 출범하는 일이 비일비재하게 일어나고 있습니다. 상상을 바탕으로 만들어진 이 이야기가 먼 미래에서 절대 일어나지 않으리라는 보장은 없지요. 클릭 한 번으로 아이템을 입히고 벗기는 것처럼, 생명을 오리고 붙여서 탄생한 유전자 편집 생물은 우리 사회에 어떤 변화를 몰고 올까요?
 생명을 다루는 일은 결코 가볍게 이루어져서는 안 될 것입니다. 게임 캐릭터처럼 클릭 한 번으로 만들어지고, 되살아나는 존재가 아니니까요. 게다가 현실은 이미 벌어진 일을 쉽게 돌이키기 어렵습니다.

　미래를 살아갈 우리 아이들이 이 이야기를 통해 작게는 '생명의 무게'를 더 나아가 '변화된 세상을 살아갈 우리의 미래 모습'을 생각해 보면 좋겠습니다.

이영은

1. 특별한 이벤트

오후 세 시. 도현이는 방과 후 수업이 끝나자마자 운동장을 향해 뛰어갔어요. 운동장 벤치에는 같은 학원에 다니는 해성이와 서아가 앉아 있었어요.

도현이는 얼른 해성이의 옆자리로 가서 휴대전화를 꺼냈어요. 세 아이는 늘 학원에 가기 전에 남는 시간 동안 운동장 벤치에 모여 게임을 했어요.

"야, 이거 봐. 곤충연구소에서 새로운 이벤트를 시작한대."

도현이가 해성이에게 자기 휴대전화를 들이밀었어요.

"아, 잠깐만. 이 판 조금 하면 끝나."

해성이는 게임 하느라 휴대전화 화면에서 눈을 떼지 못했어요. 서아가 대신 도현이의 휴대전화를 건네받았어요.

"최강 조합 동물 이벤트. 게임 캐릭터를 똑같이 구현하여 만든 살아있는 동물을 보내 드립니다. 와, 진짜? 이게 가능해?"

서아의 목소리가 커졌어요. 막 게임을 끝낸 해성이가 도현이 휴대전화를 잽싸게 가져가서 이벤트 안내문을 다시 읽었어요.

"에이, 난 또 뭐라고. 이런 건 신청해도 잘 안돼."

해성이는 이벤트에 관심이 없는 듯했어요. 도현이가 휴대전화를 도로 받으며 말했어요.

"야, 우리 이거 꼭 해야 해."

"왜? 곤충 받고 싶어서? 집에서 키우려고?"

서아가 도현이를 바라보았어요. 해성이는 시큰둥한 목소리로 '난 곤충 키우는 건 별로'라고 말하고 다시 게임을 하기 시작했어요.

"끝까지 읽어 봐. 이벤트에 신청만 해도 황금 나비의 날개 망토를 일주일간 쓸 수 있게 해 준다잖아. 게다가 30등 안에 들면 전설 아이템도 준대."

"뭐? 어디? 그런 내용이 있어?"

해성이가 그 말에 관심을 보였어요.

황금 나비의 날개 망토는 곤충연구소 게임 속 희귀 아이템이에요. 전설 등급의 아이템이지요. 게임 안에서도 전설 등급 아이템을 가진 사람은 극히 드물어요. 세 아이는 곤충연구소 게임을 일 년째 했지만, 전설 아이템은 가져보지 못했어요.

"그럼 나도 할래. 이거 어떻게 참여하는 거야?"

친구들의 적극적인 반응에 기분이 좋아진 도현이가 이벤트에 신청하는 방법을 알려주었어요. 이미 도현이는 자신이 가지고 있던 아이템으로 캐릭터를 독특하게 바꿔둔 상태였어요. 도현이가 휴대전화 화면을 친구들에게 내밀었어요.

"내가 만든 장수풍뎅이야."

"윽! 네 캐릭터 진짜 이상해."

서아 말에 해성이가 도현이 캐릭터를 자세히 들여다보았어요.

"어디 보자. 사슴벌레의 큰 턱, 바늘거미의 입, 치명적인 독침을 가진 전갈 꼬리. 야, 이건 장수풍뎅이가 아니라 괴물이잖아."

"뭐 어때! 진짜 살아있는 곤충도 아니고 게임으로 만드는 건데. 사람들한테 표를 많이 받으려면 우선 눈에 띄어야 하는 거야. 그러기 위해선 캐릭터를 최대한 독특하게 꾸며야 한다고."

"야, 아무리 그래도 너무 징그럽다."

서아가 손을 휘휘 내저었어요.

"이 정도는 되어야 사람들한테 한 표라도 더 받을 수 있어."

도현이 말에 해성이도 새로운 캐릭터를 꾸몄어요.

"음, 그런가? 좋아. 그럼 나도 최대한 사람들 눈에 띄게 만들어야지. 빨간색 망토를 입힌 독개구리! 눈은 초록색, 손은 주황색으로. 어때? 장갑 낀 것 같지?"

"그럼 나도! 나도 내 거미 완전 특이하게 만들래."

아이들이 정신없이 이야기를 나누었어요.

곤충연구소 게임은 한국 곤충 박물관과 국내 최고의 게임 회사가 협력하여 만들어 낸 온라인 게임이에요. 한국 곤충 박물관은 국내 최대 규모의 곤충 DNA 연구소이기도 하지요. 이곳에선 우리나라에 서식하는 모든 곤충을 비롯해 파충류, 양서류, 절지동물 등을 연구하고 전시했어요.

곤충연구소 게임에서는 한국 곤충 박물관에서 만날 수 있는 모든 곤충과 동물을 온라인 캐릭터로 만들 수가 있었어요. 게다가 곤충과 동물 캐릭터에게 사용할 수 있는 아이템도 무척 다양해서 곤충연구소 게임은 사람들에게 큰 인기를 얻었어요.

해성이는 그동안 자주 선택했던 개구리 캐릭터를 온갖 색깔 아이템을 입혀서 화려하게 꾸몄어요. 서아는 왕거미에 온갖 곤충 전용 아이템을 입혔어요. 거미는 순식간에 호랑나비처럼 알록달록한 모습으로 변했어요.

"야, 너는 거미한테 나비 아이템을 다 입히냐?"

해성이가 힐끗 보며 한마디 했어요.

"뭐, 어때? 내 거미는 다리가 무려 열 개야. 섬세한 감각을 극대화하는 거지. 이거 봐. 다리 개수가 늘어나니까 거미줄을 만들 수 있는 범위가 30%나 늘었어. 게다가 포획률도 엄청나! 내 거미 진짜 천하무적이지?"

가지고 있는 아이템을 곤충 캐릭터에 입혔다, 벗겼다 하는 건 아주 쉬웠어요. 터치 한 번에 화면 속 곤충은 독특하고 희귀한 모습으로 변해갔어요.

빨강 독개구리 망토, 튼튼한 거북이 방패, 끈적이는 달팽이 마비 점액, 냄새 귀신 나비 더듬이, 환각을 일으키는 호랑나비 조끼, 거대거미의 섬세한 다리, 장수말벌의 독침 화살….

게임 아이템을 늘려 갈수록, 서아의 거미와 해성이의 개구리 캐릭터는 원래의 모습을 잃어 갔어요.

"다 됐다. 나는 이제 완성! 아마 이 정도면 30등 안에 들겠지?"

서아가 흐뭇해서 말했어요. 해성이와 도현이가 들여다보며 한마디씩 했어요.

"완전 눈에 띈다."

"우리, 길드 사람들에게 투표 좀 해 달라고 게시판에 글도 올리자. 어때?"

세 아이는 잔뜩 신이 나서 깔깔거렸어요.

2. 우리가 뽑혔어?

이벤트가 종료되고 10일이 지났어요. 벤치에 앉아 게임에 열중하던 중에 도현이가 '최강 조합 동물 이벤트 당첨자 안내' 글을 확인했어요.

도현이는 재빨리 게시글을 클릭하더니, 깜짝 놀라 소리쳤어요.

"야, 우리가 만든 캐릭터가 다 있어!"

"정말?"

서아와 해성이도 재빨리 게임 사이트 공지글을 확인했어요. 도현이의 말대로 세 아이의 캐릭터가 모두 30위 순위표 안에 들어 있었어요. 해성이는 9등, 도현이는 13등, 서아는 27등이에요.

"우리 모두 이벤트에 당첨된 거야?"

"그럼, 셋 다 전설 아이템 받게 되는 거네? 앗싸!"

서아의 말에 해성이가 잔뜩 신이 난 목소리로 쾌재를 불렀어요.

"아무리 그래도 어떻게 셋 다 당첨될 수 있는 거지? 이거 좀 이상해."

도현이는 결과가 믿기지 않는다는 듯 얼떨떨한 표정을 지었어요.

"뭐가 이상해? 우리 길드원들이 추천을 왕창 눌러 준 덕분이지. 이거 봐. 곤충연구소 공식 게임 홈페이지에도 홍보해 줬네."

해성이가 어깨를 으쓱거리며 대답했어요.

곤충연구소 게임에서는 20레벨이 되면 길드를 만들거나 가입할 수 있어요. '길드'는 게임을 하는 사람끼리 모여 만드는 작은 소모임이에요. 레벨이 높아질수록 여러 캐릭터가 함께 힘을 모아 수행해야 하는 임무가 많아지기 때문에, 길드에 가입해서 다른 사람들과 함께 게임하곤 해요.

세 아이 중 가장 먼저 20레벨이 된 도현이가 길드를 만들었어요. 도현이는 길드 대장이 되었어요. 뒤이어 서아와 해성이도 20레벨이 되자, 도현이가 만든 길드에 가입했어요. 도현이는 서아와 해성이를 길드 부대장으로 임명했어요.

세 아이의 게임 레벨이 높아질수록 길드도 점점 유명해졌어요. 도현이가 만든 길드 회원은 어느새 200명이 넘었어요.

　최강 조합 동물 이벤트에 참여하던 날, 도현이는 길드 게시판에 자기가 만든 캐릭터 사진을 올린 뒤 추천 버튼을 눌러달라는 글을 덧붙였어요. 서아와 해성이도 자기 캐릭터에 추천을 눌러 달라는 글을 올렸어요. 대장과 부대장의 부탁에 길드 사람들은 흔쾌히 추천 버튼을 눌러 주었어요. 덕분에 세 아이는 순식간에 많은 추천 표를 얻을 수 있었어요.

　도현이는 심각한 얼굴로 연신 고개를 갸우뚱거렸어요. 해성이가 도현이의 등을 툭 치며 물었어요.

　"야, 김도현! 우리가 일 년을 고생고생하며 게임을 해도 얻지 못하던 전설 아이템을 드디어 얻었는데 왜 그런 표정이냐? 이건 엄청나게 기쁜 일이거든. 안 그래?"

　서아도 해성이의 말에 공감한다는 듯 고개를 끄덕였어요. 도현이는 찡그린 표정을 좀처럼 풀지 않았어요.

　"좋긴 한데…. 이 이벤트 당첨되면 살아있는 곤충도 주는 거잖아."

　해성이가 그 말을 듣자마자 크게 웃었어요.

　"하하하. 야, 너 설마 곤충이 무서워서 이러는 거냐?"

"곤충이 뭐가 무서워? 그런 거 아니거든!"

도현이가 버럭 화를 냈어요.

"그럼, 왜 그래?"

"유전자 편집 곤충이라니까, 좀 찜찜해서 그렇지."

도현이는 손에 쥐고 있는 휴대전화 화면을 보았어요. 사슴벌레 턱에 거미의 입, 전갈 꼬리를 달고 있는 거대한 장수풍뎅이. 장난삼아서 했는데, 살아있는 곤충으로 조작해서 만들어낸다고 하니 마음 한 구석이 불편했어요.

"하긴 그러네. 아, 나도 이런 징그러운 거미는 키우기 싫은데."

서아도 자기가 만든 거미 캐릭터를 보며 한숨을 푹 내쉬었어요.

"에이, 설마. 아무리 유전자를 편집한다고 해도 이렇게 생긴 동물이 진짜로 만들어지겠냐? 대충 특이하게 생긴 풍뎅이나 거미를 구해다 주겠지. 상식적으로 생각해 봐. 뿔과 꼬리도 잘라서 붙이고, 색깔까지 바꾼 곤충을 실제로 만들 수 있겠냐고. 쓸데없는 걱정하지 말고, 그냥 랜덤으로 준다는 전설 아이템이나 잘 뜨길 기도해."

해성이가 태평한 목소리로 손을 휘휘 내저었어요.

3. 괴물 곤충을 만나다

오후 세 시. 벤치에 모인 세 아이가 저마다 들고 온 상자를 내려놓았어요.

"가지고 왔어? 나는 엄마 몰래 들고 오느라고 학교에 엄청나게 빨리 왔어. 애들한테 들키지 않게 사물함에 넣느라고 진짜 고생했다니까."

"나는 사육 상자가 너무 커서 운동장 구석에 숨겨놨어. 사물함에 들어가지 않을 것 같아서."

"나는 아까 배 아프다고 거짓말하고 집에 갔다 왔어. 상자 가지고 학교에 가면 엄마한테 들킬 것 같아서 방에 숨겨뒀거든."

서아, 해성이, 도현이가 서로 자기 사연을 털어놓았어요. 저마다 다른 방법으로 고생고생하며 숨겨온 상자였어요. 하지만 누구도 상자를 열어 보자는 말을 꺼내지 않았어요. 한참 후에 도현이가 '푹' 하고 한숨을 내쉬며 말했어요.

"어제 상자 열어 봤어. 너희 것도 징…그러워?"

"으아아악! 말도 마. 완전, 완전! 이상해. 윽."

해성이가 참지 못하겠다는 듯 비명을 질렀어요. 끔찍한 기억을 잊고 싶다는 듯 고개도 도리도리 저었어요.

서아는 울상이 되어서 말했어요.

"나는 어제 너무 놀라서 보자마자 비명 질렀어. 엄마가 집에 없었기에 망정이지, 들켰으면 으아! 완전 끔찍해."

"얼마나 이상하기에? 네 것 좀 봐도 돼?"

도현이가 부탁하자, 서아가 고개를 끄덕이며 상자를 쓱 밀었어요. 도현이와 해성이가 숨을 크게 들이쉬더니 조심스럽게 열었어요. 해성이가 안에 들어 있는 사육 상자를 밖으로 꺼냈어요. 뚜껑을 열자, 어른 손바닥보다 큰 왕거미가 모습을 드러냈어요. 몸통은 호랑나비 무늬인데, 다리가 10개나 되었어요.

"괜찮은데? 이건 좀 멋지다."

해성이가 의외라는 듯 말했어요.

"야! 김해성, 이게 멋있으면 네가 키워! 난 징그러워 죽겠어. 이제 네 거 열어 봐."

뾰족하게 날이 선 서아의 말투에 해성이가 민망한 웃음을 지었어요. 이번엔 해성이가 자기 사육 상자를 꺼냈어요. 해성이가 뚜껑을 열자, 안에서 갑자기 새빨간 무엇이 튀어 올랐어요.

"너희, 이렇게 생긴 개구리 본 적 있어? 그래도 거미는 한 마리잖아? 개구리는 무려 열 마리라고. 이걸 내가 어떻게 키워?"

초록 눈을 데굴데굴 굴리는 개구리는 보고만 있어도 등골이 섬뜩했어요. 화면에서는 화려하고 멋있게 보였는데, 실제로 움직이는 개구리는 절로 눈살이 찌푸려질 만큼 끔찍한 모습이었어요.

아이들은 고개를 절레절레 흔들었어요.

이번엔 도현이가 자기 사육 상자를 꺼냈어요. 안에는 사슴벌레의 큰 턱, 바늘거미의 입, 독침 전갈 꼬리를 단 장수풍뎅이가 있었어요.

"그래도 이건 그나마 낫네."

"맞아, 맞아."

서아와 해성이의 말에 도현이가 미간을 찌푸렸어요.

"야, 너희 것 아니라고 그렇게 쉽게 말하지 마. 나는 정말 눈앞이

캄캄하거든. 나는 이렇게 큰 장수풍뎅이를 만들지 않았단 말이야. 먹이 주다가 독침에 쏘여서 죽을지도 몰라. 아휴."

"하하하, 진짜 그러네. 그러니까 누가 독침 꼬리를 추가하랬어? 바보."

"나도 장수말벌 독침 넣었는데. 내 거미에도 독침 보여? 진짜 있으면 어떡하지? 으아아아."

서아는 뒤늦게 자기 거미를 살피며 호들갑을 떨었어요. 도현이는 더 이상 보기 싫은 듯 사육 상자를 벤치 뒤에 가져다 놓았어요. 그러자 해성이와 서아도 도현이 것 옆에 자기 사육 상자를 가져다 놓았어요. 세 아이는 벤치에 앉아 한동안 침묵했어요.

"아, 맞다. 사진."

갑자기 해성이가 벌떡 자리에서 일어났어요. 그러고는 벤치 뒤편으로 가서 상자 세 개를 찍었어요. 해성이는 이어서 각각 뚜껑을 열고 괴물 동물을 찍은 다음, 재빨리 닫았어요. 도현이가 물었어요.

"당첨 인증 사진 올리게?"

"어. 길드 회원들이 이벤트 당첨되면 실물 사진 인증하라고 했잖아."

"야, 아직 키우는 것도 아닌데, 그걸 찍어서 올리면 어떻게 하냐."

"나도 몰라. 이벤트에 당첨되게 해 줬으니까, 인증 사진은 올려야지. 내가 얘네 사진 보내줄 테니, 너희도 지금 올려."

해성이는 의자에 앉아 도현이와 서아에게 사진을 보내주었어요. 서아와 도현이는 사진을 보며 떨떠름한 표정을 지었어요. 사육 상자 속 동물들은 사진으로 보아도 징그럽기는 마찬가지였어요.

이벤트 당첨 선물 받았어요. 감사합니다. ^^

아이들은 인증 글과 함께 사진을 올렸어요. 도현이는 자기 곤충이 아주 멋지다는 말을, 서아는 자기 캐릭터와 닮아서 좋다는 내용을 덧붙였어요.

글을 올리고 나서 아이들은 크게 한숨을 내뱉었어요.

"너희, 이거 어떻게 할 거야? 진짜 키울 거야?"

도현이가 친구들을 향해 물었어요.

"난 절대 안 돼. 엄마한테 걸리면 엄청나게 혼날 거야."

"우리 엄마도 집안에서 동물 키우는 건 절대 안 된다고 했어."

서아와 해성이가 차례로 고개를 내저었어요.

"진짜 어떡하지? 그냥…. 죽일까?"

도현이가 슬쩍 이렇게 말했어요.

"야, 나는 죽이기는커녕, 얘 만지지도 못하겠어."

서아가 손을 내저었어요.

"아! 우리 곤충연구소 이벤트 공지글 다시 보자. 안 키우고 싶으면 돌려보낼 수 있을지 몰라."

서아가 문득 좋은 생각이 났다는 듯 큰 목소리로 말했어요.

"그래, 그러자!"

아이들은 서둘러 자기 휴대전화를 꺼내서 게임 이벤트 공지글을 클릭했어요. 세 아이 모두 화면을 천천히 내려가며 꼼꼼하게 글을 살폈어요. 하지만 이벤트 공지글 어디에도 곤충을 키우고 싶지 않을 때 어떻게 해야 하는지에 대한 설명은 나와 있지 않았어요.

실망한 아이들은 한동안 아무런 말이 없었어요.

벌써 한 시간이 훌쩍 지나갔어요. 학원 시간이 가까워져 오자, 마음이 조급해진 해성이가 자리에 벌떡 일어나며 말했어요.

"이거 숲에 풀어 주자!"

도현이와 서아가 놀란 표정으로 해성이를 바라보았어요.

"숲?"

"한마음 공원 말이야?"

해성이는 마음을 결정한 듯 사육 상자를 들었어요.

"응. 거기에 '평온의 숲길' 있잖아."

"아, 맞아!"

해성이 말에 서아가 맞장구쳤어요.

"얘들은 동물이니까 자연에선 잘 살 거야."

도현이가 편안해진 얼굴로 말했어요.

세 아이가 사는 동네에는 한마음 공원이 있었어요. 도심 속에서 자연환경을 누릴 수 있는 곳으로 소문나 다른 동네 사람도 많이 찾는 곳이었어요.

아이들은 자기 사육 상자를 들고 한마음 공원으로 향했어요. 징그러운 동물을 키우지 않아도 된다고 생각하니, 발을 내디딜 때마다 마음의 짐이 조금씩 덜어지는 것 같았어요.

공원에 도착하자, 아이들은 잠시 호흡을 가다듬었어요. 숲속의 상쾌한 공기가 아이들을 금세 차분하게 만들어 주었어요.

아이들은 저마다 멀리 떨어져 서서 사육 상자의 뚜껑을 열었어요. 거미줄이 길게 쳐진 입구 근처에서 서아가, 숲속 작은 연못 앞에서는 해성이가, 숲길 안쪽 참나무가 우거진 곳에서는 도현이가 상자를 바닥에 뉘어 놓았어요.

사육 상자 밖으로 동물들이 천천히 빠져나왔어요.

4. 벌레 천국이 된 동네들

"시민의 휴식처가 되어준 마을 공원이 갑자기 늘어난 거미와 벌레 떼로 몸살을 앓고 있습니다. 지자체는 방역을 늘리고, 원인 파악에 힘쓰고 있습니다. 공원 관계자와 시민의 인터뷰를 들어보겠습니다."

저녁밥을 먹고 난 후 거실에서 휴대전화를 하며 쉬고 있던 도현이는 아빠가 틀어놓은 텔레비전 뉴스를 듣다, 화들짝 놀랐어요. 얼른 텔레비전을 보니, 화면에 한마음 공원이 나오고 있었어요. 도현이는 하던 게임을 멈추고 화면을 뚫어져라 바라보았어요.

"공원이 생긴 이래로 이런 일은 처음입니다. 정확한 원인은 더 조사해 보아야 알 것 같습니다. 최대한 빨리 정상화할 수 있도록 최선을 다하겠습니다."

"늘어난 거미줄 때문에 산책할 수가 없어요. 며칠 전 공원 호숫가를 지나갈 때는 새빨간 개구리가 득실거리더라고요. 생긴 것도 얼마나 징그럽던지! 어휴. 벌레도 늘어났어요. 자주 이용하는 공원인데, 이제는 오고 싶지 않네요."

도현이는 갑자기 마음이 불안해졌어요. 이벤트로 받은 장수풍뎅이를 한마음 공원에 놓아 주고 난 뒤 도현이는 그 일을 까맣게 잊어버렸어요. 그건 서아와 해성이도 마찬가지인 듯했어요. 한 달여 시간이 흐르는 동안 아이들은 한마음 공원에 한 번도 가 보지 않았어요.
　도현이는 황급히 서아와 해성이에게 메시지를 보냈어요.

　- 야, 지금 뉴스에 한마음 공원이 나왔어! 공원에 거미줄이 엄청 많이 생겼대. 벌레랑 개구리도 늘어났다고 하고.

도현이는 친구들에게 우리 탓이 아니라는 말을 듣고 싶었어요. 서아와 해성이는 도현이의 메시지를 확인하고도 별다른 답을 하지 않았어요. 마음이 초조해진 도현이는 다시 연거푸 메시지를 보냈어요.

- 아무래도 찝찝해. 우리가 공원에 놓아 준 것들 때문일까?
- 설마 공원이 그렇게 된 게 우리 탓은 아니겠지?

그때 서아가 뉴스 기사 링크를 단톡방에 올리기 시작했어요.

- 야, 이 기사 좀 봐.

도현이는 서아가 올려준 기사를 하나씩 눌러 살펴보았어요.

[은동구: 갑자기 늘어난 벌레 떼로 몸살…. 도시를 점령한 사랑 벌레 퇴치를 위해 은동구청 긴급 방역 실시]
[저게 구름이야, 벌레야? 갑자기 나타난 대형 하루살이 떼에 시민들 눈살]
[갑작스레 나타나 동네를 점령한 개미들. 원인은, 글쎄?]
[머리 위에서 후드득 떨어지는 대벌레, 비명을 지르며 도망가는 사람들]

[공원을 가득 메운 이상한 거미줄, 시민들 발길 돌려]
[환경부: 전국에서 등장하는 갑작스러운 벌레 떼, 기후 위기의 문제 아냐. 원인을 알 수 없어]

참 이상한 일이었어요. 전국 각지에서 일어난 사건이 모두 비슷했어요. 벌레나 곤충, 동물 떼가 갑자기 늘어났다는 사실이나, 원인을 정확히 파악할 수 없다는 점도 같았어요. 도현이는 고개를 갸웃거렸어요.

- 이 기사 전부 한마음 공원에서 일어난 일이랑 너무 비슷한데?
- 그렇지? 비슷한 일이 전국에서 발생하는 걸 보니, 우리 탓은 아닌 것 같아.

도현이는 서아가 남긴 메시지를 보자, 그제야 안심이 되었어요.

- 괜히 걱정했네. 진짜 심장이 철렁했다. 우리가 버린 것들 때문인 줄 알고.
- 야, 버렸다니! 우리가 언제 버렸냐? 살려 준 거지.

도현이의 글에 해성이가 발끈했어요. 도현이는 해성이에게 뭐라고 대답하고 싶었지만, 무슨 말을 해야 할지 몰라 글을 자꾸만 썼다 지웠다 했어요. 도현이는 장수풍뎅이를 한마음 공원에 놓아 준 날을 떠올렸어요.

'내가 장수풍뎅이를 살려 준 거라고?'

도현이는 오랫동안 생각했지만, 자기가 한 일이 장수풍뎅이를 버린 것인지 살려 준 것인지 도무지 알 수 없었어요.

다음날 곤충연구소 게임 공식 홈페이지 게시판에 글 하나가 올라왔어요.

- 요즘 일어나는 벌레 떼 사건, 혹시 유전자 편집 동물 때문인 거 아니에요? 이상하잖아요. 유전자 편집 곤충 이벤트가 있고 얼마 지나지 않아서 전국에서 벌레 떼가 등장하잖아요. 아무래도 이상한데요.

게시글에 대한 사람들의 반응은 가히 폭발적이었어요. 최강 조합 동물 이벤트가 끝난 후로 사람들은 유전자 편집 동물에 관련된 일을 까맣게 잊고 있었거든요. 갑작스럽게 나타난 전국의 이상한 일들이 곤충연구소 게임 이벤트와 관련되어 있을 수 있다는 의심에 사람들의 관심이 눈덩이처럼 불어나기 시작했어요. 사람들의 의심은 점차 확신으로 변하기 시작했어요.

게시판에는 계속해서 새로운 글이 올라왔어요. 곤충연구소 게임을 하지 않는 사람들까지 홈페이지에 찾아와 글을 올렸어요. 사람들은 뉴스 기사를 링크해서 올리기도 했고, 자기가 직접 찍은 사진을 올리며 글을 남기기도 했어요. 사람들이 올려놓은 곳곳의 이상한 사태는 뉴스와 기사에 나온 것보다 훨씬 더 심각했어요.

이날 세 아이는 방과 후에 운동장 벤치에 모여 곤충연구소 게임 공식 홈페이지 게시판에 올라온 글을 전부 읽어 보았어요.

"야, 이번 일은 심각한 것 같아."

서아가 먼저 입을 열었어요. 도현이와 해성이도 동의한다는 듯 고개를 끄덕였어요.

"갑자기 생긴 이 이상한 일들 말이야. 사람들 말처럼 유전자 편집 동물 때문인 것 같지?"

도현이가 조심스럽게 친구들을 향해 말했어요.

"응."

서아와 해성이가 시무룩한 얼굴로 동시에 대답했어요.

"그럼, 한마음 공원이 그렇게 된 건 우리 때문일까?"

도현이가 다시 한번 친구들을 향해 물었어요.

서아와 해성이는 아무런 말이 없었어요. 두 아이는 각자 자기 휴대전화만 바라보았어요. 도현이는 서아와 해성이가 대답하지 않는 게 어떤 의미인지 알 것 같았어요. 도현이는 마음이 무거웠어요.

그때 서아가 깜짝 놀란 목소리로 다급하게 외쳤어요.

"어? 얘들아, 이거 봐!"

서아가 내민 휴대전화 화면 속에는 몇 달 전에 열렸던 곤충연구소 게임 최강 조합 동물 이벤트 포스터 사진이 있었어요. 서아는 해성이와 도현이가 이벤트 포스터를 잘 볼 수 있도록 화면을 확대해 주었어요. 포스터에는 이전에 없던 문구가 새로 쓰여 있었어요.

<이벤트 상품 동물을 키울 수 없거나 키우기를 원치 않는다면 연구소로 보내주세요.>

"어? 뭐야. 저번엔 이런 내용이 없었잖아?"

"맞아, 그땐 포스터에 아무 말도 없어서 우리가 공원에 놓아 준 거잖아."

세 아이는 당황한 얼굴로 서로를 바라보았어요.

"그럼, 이제 어떡하지? 우린 이미 공원에 놓아 줬잖아."

"이런 말이 있었으면 거미를 곧장 연구소로 돌려보냈을 거야! 나는 정말 그런 이상한 괴물은 키우기 싫다고."

서아가 몹시 억울하다는 듯 말했어요.

"야, 우리 어떡해. 멀쩡하던 공원이 갑자기 이렇게 변한 것도 이상해. 진짜 우리 때문인 것 같아. 이러다 한마음 공원에 곤충 놓아 준 일로 경찰 조사를 받는 거 아니야?"

당장 눈앞에서 벌어지는 일은 세 아이가 해결하기엔 너무 크고 엄청났어요. 쥐구멍이라도 있다면 꼭꼭 숨어버리고 싶은 마음이 굴뚝같았어요.

"아, 맞다! 얘들아, 우리가 올린 이벤트 인증 사진부터 지우자."

서아의 말에 도현이와 해성이는 황급히 곤충연구소 게임에 접속했어요. 세 아이는 길드 게시판 이전 글을 찾아 이벤트 선물 인증 사진을 곧장 삭제했어요.

게시물이 삭제됐다는 메시지에 아이들은 모두 안도의 한숨을 내쉬었어요. 인증 사진을 지웠으니, 당장 자기들이 한 일을 들킬 것 같지는 않았거든요. 하지만 여전히 막막한 기분은 그대로였어요. 도현이와 해성이, 서아는 커다란 돌덩이를 지고 있는 것처럼 고개를 푹 숙인 채, 말없이 서 있었어요.

"인제 우리 어떡하지?"

한참 만에 서아가 입을 열었어요.

"다시 잡으러 가자."

"뭐라고?"

해성이와 서아가 놀란 얼굴로 도현이를 바라보았어요. 도현이는 결심한 듯 자리에서 벌떡 일어났어요.

"우리가 놓아 준 애들 다시 잡으러 가자고. 지금이라도 찾아서 연구소로 보내면 되잖아."

5. 거대 곤충의 공격

오랜만에 찾은 한마음 공원은 많이 달라져 있었어요.

이전엔 늘 북적였는데, 이제는 사람이 간간이 지나다닐 뿐이었어요. 세 아이는 곧장 유전자 편집 동물을 놓아 준 평온의 숲길로 향했어요.

"야, 여기가 이런 곳이었나? 어쩐지 좀 으스스한데."

해성이가 제 양팔을 두 손으로 감싸 안으며 말했어요. 아름답게 느껴졌던 산책길이 지금은 컴컴했어요. 커다란 거미줄도 여러 개 보였어요. 아이들은 인상을 썼어요. 으슥한 숲길에서 당장이라도 거대한 괴물이 튀어나올 것 같았어요.

"지금이라도 돌아갈까?"

해성이가 서아와 도현이를 바라보며 말했어요.

"그래, 가지 말자. 숲 입구에 거미줄이 저렇게 많다면, 안쪽엔 완전 가득할 거야."

서아가 돌아가자는 말을 기다렸다는 듯 대답했어요.

잠자코 서 있던 도현이는 근처에서 기다란 나뭇가지 하나를 주워 와 눈앞에 있는 거미줄을 휘저어서 없앴어요. 그러고는 말없이 앞장서서 걸어가기 시작했어요.

"야, 김도현, 안으로 들어가게?"

"여기까지 왔는데, 찾아보기라도 해야지."

도현이의 뒷모습을 우두커니 바라보던 서아와 해성이도 마지못해 숲속으로 걸어 들어갔어요. 숲길은 고요했어요.

"툭, 툭."

"슥, 스슥, 슥."

세 아이가 거미줄을 쳐내느라 나뭇가지를 휘두르는 소리, 걸을 때 옷자락이 나뭇잎에 스치는 소리만 간간이 들릴 뿐이었어요.

친구들보다 조금 앞서 걷던 해성이가 갑자기 멈춰 서서 뒤를 돌아보며 말했어요.

"애들아, 이거 아무래도 게임 같지 않냐? 34레벨쯤인가? 그때 황폐한 숲 나오잖아."

서아가 주위를 두리번거리며 말했어요.

"어? 진짜 그러네. 우리 게임에서 봤던 모습이랑 비슷해."

"분명 한 달 전만 해도 이런 모습은 아니었는데…."

도현이도 고개를 끄덕거렸어요.

잔뜩 긴장했던 것과 달리 숲에서는 아무 일도 일어나지 않았어요. 아이들은 조금씩 긴장을 풀었어요.

해성이가 슬그머니 친구들에게 장난을 쳤어요.

"우리가 설마 게임 속으로 들어온 건 아니겠지? 얍, 얍!"

들고 있던 나뭇가지를 검처럼 휘두르는 해성이의 모습을 보고 도현이가 소리 내어 웃었어요.

"하하. 드디어 우리가 곤충연구소 게임을 현실에서 하는 건가?"

세 아이의 웃음소리가 숲에 퍼져나갔어요. 아이들은 숲길을 계속 걸어갔어요.

거미줄은 안쪽으로 갈수록 점점 크고 두꺼워졌어요. 얼핏 보면 아이들의 키만 한 그물이 나무 곳곳에 걸쳐 있는 것 같았어요. 이곳은 더이상 평온의 숲길이 아니었어요. 이제는 거대한 거미줄 숲이었어요.

"야, 설마 이 거미줄, 서아 거미가 만든 건 아니겠지?"

도현이가 거미줄을 나뭇가지로 휙휙 쳐내며 말했어요.

"그럴지도 몰라. 이렇게 두꺼운 거미줄을 만드는 거미가 있을 리 없잖아."

해성이가 말할 때, 갑자기 무언가가 샤사삭 스쳐 지나갔어요.

"뭐, 뭐야!"

아이들은 황급히 주위를 살폈어요. 등골이 서늘해지는 느낌이 들면서 어깨가 잔뜩 움츠러들었어요.

"분명 뭔가 있었지?"

해성이가 놀란 얼굴로 말했어요.

"나도 느꼈어. 분명히 무언가가 지나갔어."

서아가 고개를 끄덕이며 입을 뗐어요. 나뭇가지를 쥐고 있는 아이들의 손에 단단히 힘이 들어갔어요. 아이들은 본능적으로 서로 바짝 다가섰어요. 그러고는 사방을 경계하며 천천히 움직였어요.

"스스슷."

"얘들아, 저기서 뭐가 움직여."

도현이가 긴장하며 작은 소리로 속삭였어요.

"저기, 검은 거?"

"뭔데? 어디? 어디에?"

해성이는 아직 못 본 듯했어요.

"스읏. 스샥."

소리가 점점 가까이 들렸어요. 무언가가 다가오는 게 분명했어요. 아이들은 발이 땅에 붙어버린 듯 그 자리에서 움직이지 못했어요. 마법에 걸린 것처럼 몸이 서서히 굳는 듯했어요. 세 아이 모두 침을 꿀꺽 삼켰어요.

그 순간, 거대한 무언가가 '확!' 하고 날아올랐어요.

"으, 으, 으아악!"

"으악! 엄마아아!"

"으아악! 오지 마, 오지 마! 오지 마!"

아이들은 동시에 반응했어요. 도현이는 두 팔로 제 얼굴을 감싸며 고개를 숙였고, 서아는 주저앉은 채로 두 눈을 감고 양팔을 크게 휘저었어요. 해성이는 뒤로 엉덩방아를 찧듯 넘어지고 말았어요. 세 아이 모두 고래고래 악을 썼어요.

"얘, 얘들아. 저거 도현이가 받은 그거…. 맞지?"

"저게 그 곤충이라고?"

사슴벌레의 큰 턱, 바늘거미의 입, 치명적인 독침을 가진 전갈 꼬리. 분명 도현이가 숲에 놓아 준 장수풍뎅이였어요.

장수풍뎅이는 방바닥을 기어다니는 아기만큼 자라 있었어요. 아이들은 너무 놀라서 입을 벌린 채로 우두커니 있었어요.

그때 장수풍뎅이가 휙 뒤돌아섰어요. 세 아이는 그 모습에 움찔 놀랐어요. 곤충연구소 게임을 하면서 수없이 많은 거대 곤충과 싸웠지만, 막상 지금은 아무런 대처도 할 수 없었어요.

"저, 저리 가!"

해성이가 장수풍뎅이를 향해 들고 있던 나뭇가지를 던졌어요. 기다랗고 뭉툭한 나뭇가지가 장수풍뎅이의 등껍질에 맞고 튕겨 나갔어요.

"치이이익 치이이익 끽 끽!"

장수풍뎅이가 울기 시작했어요.

"야, 그걸 던지면 어떡해!"

"장수풍뎅이가 화났나 봐!"

서아와 도현이의 질책에 해성이가 당황하며 말했어요.

"아니, 그냥 저쪽으로 가게 하려고 던졌지, 맞추려고 한 건 아닌데…."

거대한 뿔을 들이밀며 장수풍뎅이가 아이들을 향해 서서히 다가오기 시작했어요.

"도, 도망쳐!"

도현이의 외침에 아이들은 그제야 얼음 마법에서 풀린 듯 달리기 시작했어요.

"으아아아악!"

6. 빨간 개구리 떼와 거대한 거미

사방에 거미줄 장벽이 가로막았어요. 아이들은 거미줄이 없는 길을 찾아 무작정 달렸어요. 아이들이 헉헉대는 소리가 고요한 숲에 가득 찼어요.

세 아이는 더 이상 뛰지 못하겠다는 듯 자리에 멈추어 섰어요.

"헉헉. 나는 더 이상 못 뛰어."

"나도."

"나도 그래."

바닥에 주저앉아 한참 동안 숨을 고르던 아이들은 호흡이 가다듬어지자, 천천히 주변을 살피기 시작했어요.

"그런데 도대체 여기가 어디지?"

해성이가 자리에서 벌떡 일어나서 기웃댔어요.

"글쎄, 나도 잘 모르겠어. 여긴 정말 처음 보는 곳인데?"

"얘들아. 이 숲길이 이렇게 길었던가? 아무래도 이상해. 숲이 너무 바뀌었어."

도현이와 서아가 말했어요.

"맞아, 예전엔 이렇게 으스스하지도 않고, 얼마나 예뻤다고! 사람도 많고."

도현이가 다시 말하자, 해성이는 다시 바닥에 앉으며 한숨을 푹 쉬었어요.

"난 자꾸만 게임에서 본 황폐한 숲이 현실로 바뀐 것 같다는 생각이 든다니까. 말도 안 되는 소린데, 정말 그렇다고."

해성이의 말에 도현이가 고개를 끄덕이며 대답했어요.

"응, 아무리 몇 달 만에 왔다고 하더라도 너무 달라졌어."

"어, 잠깐만. 조용히 해 봐! 무슨 소리 안 들려?"

서아가 손가락을 입에 가져다 대며 말했어요. 도현이와 해성이는 잠자코 입을 다물었어요.

"끄…, 끄…."

세 아이는 미간을 찌푸리며 희미하게 들려오는 소리의 정체를 알아내려고 신경을 곤두세웠어요.

"끄…. 끄…."

"설마, 장수풍뎅이가 여기까지 쫓아온 건 아니겠지?"

도현이가 겁먹은 얼굴로 말했어요.

"장수풍뎅이는 아닌 것 같아. 이건 개구리… 소리 같지 않아?"

서아 말에 해성이는 연못에 놓아 주었던 개구리를 떠올렸어요. 세 아이는 자리에서 일어나 소리가 나는 쪽으로 걸음을 옮겼어요.

"끄억 끄억 끄억 끄억 끄억."

"꾸엑 꾸엑 꾸엑 꾸엑."

여러 마리가 동시에 우는 소리였어요.

"어떻게 해. 마, 맞는 것 같아. 저기 연못 근처야!"

"개구리 소리 정말 맞아."

해성이가 사색이 되어 말하자, 서아가 겁에 질려서 고개를 끄덕였어요.

"설마, 그 개구리들도 괴물처럼 변한 건 아니겠지?"

도현이가 도리질하며 말했어요.

이상한 숲에서 나뭇가지를 휘두르고, 괴물 곤충을 피해 도망 다니는 일은 화면 속에서나 하던 것이었어요. 그런데 지금은 현실에서 그 일을 하고 있었어요.

　세 아이는 심장이 쿵쾅거렸어요. 당장 도망가야 한다는 걸 알면서도, 한편으로는 믿기지 않는 일에 대해 궁금증이 일었어요.

　"끄억 끄억 끄억 끄억 끄억."

　"꾸어억 꾸어억 꾸어억."

　과연 연못엔 빨간 개구리가 득실득실했어요.

　"으, 징그러워."

　서아가 입을 막았어요. 개구리들은 몇 달 사이 몸집이 서너 배 커져 있었어요. 개구리 여러 마리가 동시에 튀어 올라 물속으로 들어갈 때마다 아이들은 깜짝깜짝 놀라며 주춤거렸어요.

　"연못에 물고기가 많았는데, 인제는 빨간 개구리가 점령했나 본데?"

　"쟤들이 다 잡아먹은 거 아니야?"

　"가까이 가 봐야 알겠지만, 어쩌면 너희 말이 맞을 수도 있어."

　도현이, 서아, 해성이가 차례로 한마디씩 했어요.

　"너희, 저 개구리 잡을 수 있겠어?"

　"난 절대 못 해."

서아 물음에 해성이가 얼른 답했어요.

"혼자 잡기엔 너무 크고 징그…."

도현이가 '징그러워'라는 말을 꿀꺽 삼켰어요. 개구리를 잡아 연구소로 보내야 했지만, 도무지 자신이 없었어요.

"애들아, 우리 그냥 이 일 모른 척할까?"

서아와 도현이가 놀란 얼굴로 해성이를 바라보았어요. 해성이는 친구들의 눈길을 피한 채 말을 이었어요.

"솔직히 우리가 한 일을 누가 아는 것도 아니고…. 게다가 동물들이 이렇게 크고 이상해질 줄은 몰랐어. 나는 애들을 다시 잡아서 연구소로 보낼 자신이 없어. 다른 곳에서도 이런 일이 생겼잖아? 그냥 우리도 모른 척하고 있으면 안 돼?"

도현이는 마음속이 복잡해졌어요. 놓아 준 유전자 편집 동물을 찾으려고 숲에 들어왔지만, 해성이 말대로 잡을 용기가 나지 않았어요. 잡는다고 해도, 연구소까지 가져가는 일도 막막했어요.

"나는…. 해성이 생각이 나쁘진 않은 것 같아."

서아가 가만히 고개를 끄덕이며 말했어요. 생각에 잠겨 있던 도현이도 결국 그러자고 말했어요. 아이들은 한참 동안 말없이 연못의 개구리들을 쳐다보았어요.

세 아이는 터벅터벅 왔던 길을 돌아 나왔어요.

"야. 저 거미줄 좀 봐. 완전 털실 같아."

갑자기 해성이가 놀란 목소리로 말했어요. 해성이가 가리키는 곳에 굵은 거미줄이 나무와 나무 사이에 걸쳐져 있었어요.

"저 정도면, 보나 마나 서아의 거미가 만든 거겠지?"

해성이의 중얼거림에 도현이가 고개를 끄덕거렸어요. 서아는 당장 '그건 내 거미 아니야!'라고 외치고 싶었지만, 차마 목구멍에 걸려 튀어나오지 못했어요. 이미 장수풍뎅이는 도현이, 개구리는 해성이의 것으로 불렸으니까요. 아직 눈으로 보진 못했지만, 괴물 거미는 서아의 것으로 불리는 게 맞아요.

"얘들아. 나무에 앉아 있는 저거, 호랑나비 맞지?"

도현이는 먼 곳을 손짓하며 말했어요. 자세히 보려고 잔뜩 인상을 찌푸리던 서아가 가만히 중얼거렸어요.

"그런데, 호랑나비치고는 너무 크지 않아? 저거, 설마…."

그때 거대한 호랑나비가 휙 날았어요.

"어! 우, 우, 움직인다!"

도현이가 소리쳤어요. 해성이가 이상하다는 듯 말했어요.

"서아 것은 거미잖아! 거미가 왜 날아?"

호랑나비의 화려한 날개처럼 보이던 것은 거미의 커다란 몸통이었어요. 거미는 나무 사이를 휙휙 날아다녔어요. 거미가 움직일 때마다 나무 사이로 반짝이는 줄이 생겨났어요. 서아가 해성이에게 말했어요.

"거미도 날 수 있어! 나무와 나무 사이에 거미줄을 어떻게 치겠냐?"

해성이가 겁에 질린 얼굴로 다시 말했어요.

"얘들아, 저 거미 어쩐지 자꾸 가까워지는 것 같지 않아? 왜 더 크게 보이지?"

갑자기 도현이가 아이들에게 서두르며 말했어요.

"이쪽으로 오고 있어! 도망쳐!"

아이들은 무작정 도망치기 시작했어요. 달리는 중에도 귓가에 빨간 개구리들의 울음소리, 거대한 장수풍뎅이의 날갯짓 소리, 거미가 거미줄을 타고 날아다니는 소리가 끊임없이 들려왔어요.

아이들은 뒤를 한 번도 돌아보지 않았어요.

7. 양심 불량자들

그날 밤 곤충연구소 공식 홈페이지 게시판에 익명으로 쓴 글이 올라왔어요. 제목은 '양심 불량자들'이었어요.

제목 : 양심 불량자들

전국에 숨어 있는 양심 불량자를 고발합니다.

이벤트로 받은 유전자 편집 동물을 무단으로 방생하여 사회를 엉망으로 만들어 놓고도 모르는 척 시치미를 뚝 떼고 있으니, 마음이 편합니까?

이번 사태가 정말 당신들이 한 일이 아니라면, 당당하게 모습을 보여주시죠.

유전자 동물을 정말로 기르고 있습니까?

기를 수 없을 경우, 연구소로 보냈습니까?

동네를 점령한 개미 떼,

나무를 점령한 거미줄,

머리 위로 떨어지는 대벌레들,

하늘을 점령한 하루살이들,

전국에서 벌어지는 이 이상한 일들이 유전자 동물 때문이 아니라고 자신 있게 말할 수 있습니까?

더 이상 양심 불량자로 살지 마세요.

숨는 것은 한계가 있습니다. 모두가 보고 있습니다.

게시판에는 질타의 글과 함께 최강 곤충 조합 이벤트로 받은 유전자 편집 동물의 인증 사진이 나열되어 있었어요. 그곳에는 큰 턱 장수풍뎅이와 빨간 개구리, 호랑나비 무늬 거미도 포함되어 있었어요.

8. 오프라인 모임

오늘 하루 학교에서는 '유전자 편집 동물'의 이야기가 끊이질 않았어요. '도시를 점령한 기이한 곤충 떼의 비밀'이라는 제목으로 곤충연구소 게임 공식 홈페이지에 올라온 익명의 글이 캡처되어 아이들 사이에서 빠르게 퍼져나간 탓이었어요.

도현이와 해성이, 서아도 반 아이들과 하는 단톡방에서 어젯밤 곤충연구소 홈페이지에 올라왔다는 게시물을 보았어요. 길드 게시판에 올린 인증 사진을 감쪽같이 지워서 안심하고 있던 아이들은 그만 기겁했어요.

방과 후, 운동장 벤치에서 모인 아이들의 표정은 어둡기만 했어요.

"이제 어떡하지? 너희, 숲에 다시 갈 거야?"

서아의 물음에 도현이와 해성이는 아무런 대답을 하지 못했어요.

곤충연구소 공식 홈페이지와 각종 게임 커뮤니티, 온라인 포털 사이트는 온통 유전자 편집 동물의 이야기로 가득했어요. 이제는 뉴스 기사에까지 '유전자 편집 동물' 이야기가 나오고 있었어요.

"솔직히 당장 뭘 해야 할지 모르겠어."

해성이가 입을 떼자, 서아와 도현이가 기다렸다는 듯 이야기를 이어 나갔어요.

"숲에 다시 갈 엄두가 안 나. 그 거대한 애들을 우리가 어떻게 잡아."

"나도 우리끼리 숲에 다시 가는 건 반대야. 그렇다고 계속 이렇게 가만있지도 못하겠어. 나는 양심 불량자라는 말이 자꾸 생각나. 머릿속에 그 말만 가득 차 있는 것 같아."

해성이가 다시 말했어요.

"솔직하게 말할까. 우리가 한마음 숲에 버렸다고?"

"말하면? 기자들과 경찰이 우리를 찾아오면, 그땐 어떡해?"

도현이는 답답함에 못 이겨 가슴을 손으로 치면서 벌떡 일어났어요. '으아!' 하고 터트리는 듯한 외침에 서아와 해성이도 덩달아 한숨을 내쉬었어요. 가슴에 무언가가 꽉 찬 듯 답답한 건 두 사람도 마찬가지였어요.

"우리…. 도움을 청할까?"

서아가 조심스럽게 입을 열었어요. 그러자 도현이와 해성이가 차례로 입을 열었어요.

"누구한테? 담임선생님께? 엄마, 아빠께?"

"미쳤어? 이 일이 어른들에게 알려지면 우린 엄청나게 혼나. 게임도 평생 금지당할 거야."

"그럼 어떡해. 유전자 편집 동물들은 몸집이 너무 커. 우리끼리 숲에 가 봤자 잡지도 못하잖아!"

서아 말에 도현이와 해성이는 한참 동안 침묵했어요.

"길드 사람들에게 도와달라고 해 볼까?"

"길드 사람들?"

도현이의 갑작스러운 제안에 서아와 해성이가 깜짝 놀라며 동시에 말했어요. 도현이가 다시 말했어요.

"도와주려는 사람이 있을지 모르잖아. 음…, 우리랑 게임 하는 어른이면 좀 다를 수 있어. 적어도 게임을 못 하게 하는 엄마보다는 낫지."

"좋아. 그럼 이렇게 말하면 어떨까? 어른인 척했지만, 사실 우리는 초등학생이라고. 그 조작 동물을 키울 수 없어서 숲에 놓아 주었다고. 그때는 포스터에 아무 글도 없었다고. 걱정이 되어 숲에 가 보니, 놓아 준 곤충 몸집이 엄청나게 커지고 숲도 게임에 나오는 세상처럼 변해 있더라고. 우리 셋이 실제로 겪은 일이라 거짓말이 아니라고."

서아가 자기 생각을 거침없이 말했어요.

"그래, 이게 지금 우리가 할 수 있는 일 중 제일 나은 것 같다. 말 나온 김에 지금 길드 게시판에 글 올리는 게 어때?"

해성이도 도현이와 서아 생각에 찬성했어요.

도현이와 서아, 해성이는 머리를 모아 함께 글을 썼어요. 세 아이는 숲에서 있었던 일을 자세하게 적고, 놓아 준 유전자 편집 곤충을 다시 찾으러 갈 수 있게 도와달라고 했어요.

길드 대표인 도현이가 함께 쓴 글을 올리자, 조회수는 빠르게 올라갔어요. 얼마 지나지 않아서 댓글이 달리기 시작했어요.

- 와, 충격. 우리 길드장이 초딩이라니. 나는 삼십 대인데⋯.
- 와, 나 여태 존댓말 했는데.

실시간으로 달리는 댓글 대부분은 길드 대장과 부대장이 초등학생이라는 것에 놀라는 내용이었어요.

그때 내용이 긴 댓글이 눈에 띄었어요.

- 좀 당황스럽지만, 사태가 심각하고 진심이 느껴지니 도와주고 싶습니다. 마침, 제가 그 동네에 살아요. 오프라인 모임으로 만나 해결책을 찾는 건 어때요? 유전자 편집 동물을 함께 찾으러 갈 수 있는 사람을 모아서 숲에 같이 가면 좋을 것 같아요.

며칠 후, 세 아이는 동네 카페에서 길드 사람들을 만났어요. 나온 사람은 모두 세 분이었어요.

처음 보는 어른들 앞에 앉으니, 세 아이는 바짝 긴장한 듯했어요. 나이가 가장 많아 보이는 아저씨가 한숨을 쉬며 조그맣게 말했어요.

"……진짜 애들이었네."

"네?"

서아가 되묻자, 아저씨가 빙그레 웃으며 다시 말했어요.

"아, 미안하다. 혼잣말이었어. 함께 게임을 하는 사람이 어린아이일 것이라고 생각해 보지 못했거든. 직접 보니, 실감 난다."

그러자 다른 어른들도 맞장구치듯 '저도요!' 하며 고개를 끄덕였어요. 아이들은 잘못한 일이 떠올라 고개를 푹 숙였어요. 그러자 나이가 많아 보이는 아저씨가 얼른 말했어요.

"아, 잘못했다고 뭐라 하는 게 아니다. 음…. 너희, 10살이라고 했지?"

"……네."

도현이가 작은 목소리로 대답했어요.

"하하. 우리 집 아이들이랑 몇 살 차이 안 나네. 아저씨에게 7살짜

리 아들과 5살짜리 딸이 있거든. 아, 나는 43살이야. 이름은 김성태. 아무튼 만나서 반갑다, 아니, 반갑습니다. 길드장님. 하하하."

아저씨가 인사하듯 꾸벅 고개를 숙이자, 아이들은 큭큭 웃음이 터뜨렸어요. 아이들의 웃음소리에 자리를 맴돌던 어색함이 사라지고, 다른 어른도 목소리를 냈어요.

"우리, 통성명하는 건가요? 그러면 제가 이어서 소개할게요. 저는 이상미예요. 나이는 32살입니다. 취미는 보시다시피 게임이에요."

"저는 초등학생 때부터 게임을 해온 오진우인데, 대학생이에요. 나이는 21살이고요. 이렇게 밖에서 게임을 같이하는 사람들과 직접 만나는 건 처음이에요. 그래서 좀 떨리네요."

어른들에 이어 아이들도 차례로 자기를 소개했어요. 세 어른은 아이들이 소개할 때마다 작게 손뼉을 쳐 주었어요. 아이들의 얼굴에 미소가 피었어요.

소개가 끝나자, 상미가 입을 열었어요. 목소리가 시원시원하고 단호한 그녀는 단번에 다섯 사람의 시선을 자신에게로 끌어모았어요.

"자, 이제 소개는 이쯤하고 본론을 말해 볼까요? 너희, 숲에 가서 그 동물들을 직접 봤다고 했지? 그에 대해서 자세하게 말해 줄래?"

아이들은 돌아가며 평온의 숲길에서 겪은 일을 차근차근 설명했어요. 진지하게 듣고 있던 어른들이 고민에 빠진 표정을 지었어요. 상미가 먼저 입을 열었어요.

"이거, 무작정 가면 안 될 것 같죠?"

"좀 더 준비한 후, 이번 주말 오후에 함께 가 봅시다. 아기만큼 큰 곤충이라니, 채집통 같은 건 가져가 봐야 어림도 없을 것 같아요. 포획 그물을 준비해야 할 것 같아요."

아저씨 말에 진우가 덧붙였어요.

"대형 동물을 포획하는 망도 필요할 것 같은데요."

어른들은 낯선 준비물을 이야기하면서 서슴없이 자신이 준비해 오겠다고 했어요.

도현이와 해성이, 서아는 어른들의 이야기를 들으니, 걱정스러운 마음이 조금 가라앉았어요.

9. 곤충 포획 대작전

 토요일 오후, 사람들의 발걸음이 뚝 끊긴 한마음 공원 안 평온의 숲길 앞에서 도현이와 해성이, 서아는 세 어른을 기다렸어요.
 진우가 가장 먼저 모습을 드러냈어요. 이미 만난 사이라 세 아이와 진우 사이에 어색한 분위기는 흐르지 않았어요. 아저씨와 상미를 기다리는 동안 세 아이와 진우는 함께 게임 커뮤니티에서 본 글과 게임 공략 이야기 등을 주고받았어요.
 잠시 후 편한 복장을 한 상미가 도착했고, 뒤이어 아저씨도 도착했어요.
 아저씨는 큼지막한 가방을 메고 커다란 포획망을 들고 왔어요.

"형님. 무겁지 않으세요? 짐이 엄청난데요. 와, 이렇게 큰 포획망은 처음 봤어요. 이 정도면 웬만한 동물도 끄떡없이 잡겠어요."

"동물들이 크다고 하잖아. 곤충 채집망으론 안 되겠더라고. 가방 속에 동물 포획해서 잡아둘 그물도 들어 있어. 자네도 준비하기로 한 것 다 가지고 왔지?"

"네, 걱정하지 마세요."

진우가 바닥에 내려놓은 망과 포획망을 가리켰어요.

"그럼, 이제 숲길을 따라 안으로 들어가 볼까요?"

상미가 말하자, 아이들은 준비해 둔 긴 나뭇가지를 들고 앞장섰어요.

"예전 평온의 숲길과는 완전 달라요."

"그래도 걱정하지 마세요. 저희가 길 다 알아요."

"맞아요. 저희만 따라오시면 돼요."

서아, 해성이, 도현이가 한마디씩 했어요. 든든한 지원군과 함께 가니, 아이들의 목소리가 한층 밝았어요. 하지만 아저씨가 아이들을 불러 세웠어요.

"얘들아, 위험하니까 아저씨 뒤로 와라."

아저씨가 엄지로 어깨 뒤쪽을 가리켰어요. 그러자 상미가 아이들을 향해 말했어요.

"아냐, 애들아. 너희가 앞장서. 그 동물들 어디서 만났는지 기억하지?"

아저씨가 상미를 놀란 표정으로 바라보았어요.

"그러다 위험한 일이라도 생기면 어떻게 해요. 당연히 어른인 우리가 먼저…."

"이 숲은 아이들이 우리보다 잘 알아요. 위험한 일이 생기면 바로 도와줄 수 있게 우리가 바짝 뒤따라가면 돼요."

"아무리 그래도…."

"아이들은 우리 길드 대장에 부대장이에요. 길드원은 따라가면 되는 거 아니겠어요?"

"맞아요, 아저씨. 초보는 경험 많은 유저들을 잘 따라다녀야 한다는 거 잊으셨어요?"

상미에 이어 진우까지 의견을 더하자, 아저씨는 한숨을 내쉬었어요.

"하아…. 알겠어요. 여러분 의견에 따를게요. 대장과 부대장을 믿어보지요."

진우가 한쪽 눈을 찡긋 감으며 아이들을 향해 엄지를 슬쩍 들어 보였어요. 그 모습을 보자, 도현이와 해성이, 서아의 얼굴에 슬그머니

미소가 그려졌어요.

"그럼, 이제 출발해요."

손바닥을 짝 소리 나게 마주치며 상미가 외쳤어요. 모두 천천히 숲으로 들어섰어요.

고작 며칠 지났을 뿐인데, 숲길은 더 어둡고 음침하게 변해 있었어요. 공원을 이용하는 사람도 좀처럼 볼 수 없었어요. 심장이 쿵쿵거리는 소리가 들릴 만큼 숲길에는 고요한 정적만이 흘렀어요.

"으악!"

서아가 소리치자, 아저씨가 깜짝 놀라서 앞으로 나왔어요.

"뭐, 뭐, 뭐야! 뭐 나타났어?"

"팔에 거미줄이 스쳤나 봐요. 죄송해요. 깜짝 놀라서 저도 모르게 그만…."

서아의 말에 모두가 안도의 숨을 내뱉었어요.

"어휴, 놀라라. 갑자기 소리를 질러서 괴물이라도 나타난 줄 알았어. 안 그래도 으스스해서 무서운데."

진우가 손으로 가슴을 쓸어내리며 말했어요.

"형, 꼭 곤충연구소 게임에 있는 황폐한 숲 맵 안으로 들어온 것 같지 않아요?"

해성이가 주위를 두리번대는 진우를 보며 슬쩍 말했어요.

"그러고 보니, 진짜 그러네. 와, 그렇게 생각하니까 마치 내가 곤충 연구소 실사 VR 게임을 하는 것 같아."

그러자 상미가 인상을 쓰며 두 사람을 바라보았어요.

"둘 다 정신 차려요. 여긴 체력 회복해 주는 물약이나, 마법 기술 같은 건 없거든요? 이건 게임이 아니라 현실이라고요."

한심하다는 듯한 눈빛으로 자신을 바라보는 상미를 향해 진우가 머쓱한 표정으로 웃었어요.

"그래도 뭔가 현실에서 게임을 하는 기분은 좀 들잖아요."

진우가 기다란 막대를 휙 휘둘러서 눈앞에 보이는 나뭇잎을 쳐내더니, 다시 말했어요.

"저기 좀 보세요. 차라리 우리가 게임 세상에 들어왔다고 생각하는 게 더 어울리겠어요."

상미와 아저씨, 아이들은 진우가 나뭇가지로 가리키는 방향을 바라보았어요. 나무와 낙엽 위, 길 위까지 대벌레가 잔뜩 모여 있었어요. 얼핏 보아도 수백 마리는 되어 보였어요. 아이들의 표정이 절로 찌푸려졌어요.

"지난번에 왔을 땐, 저런 벌레 떼는 못 봤는데…."

해성이는 당장이라도 벌레 떼가 달려들 것 같아 두려웠어요. 손가락만 했지만, 무리를 지어 움직이니 너무나 징그러웠어요.

"공원 입구에도 개미가 득실득실하더라고요. 숲 분위기가 이처럼 으스스하고 이상할 정도로 늘어난 동물을 보면, 정말로 곤충연구소 게임이 세상으로 나온 것 같네요. 아니면 우리가 게임 속으로 들어갔거나…."

상미가 한숨을 쉬며 말했어요.

"그러게요. 게임에서 무기 들고 싸우는 거와 지금 곤충 잡으러 숲 헤치며 다니는 게 뭐가 다른지, 이제 저도 헷갈려요."

진우가 상미의 말에 맞장구쳤어요. 서아가 서두르며 말했어요.

"대벌레를 처치하러 온 게 아니니까, 우선 가요. 너무 뒤처지면 길 잃어버려요. 아저씨와 도현이는 저만큼 앞서가고 있다고요."

진우와 해성이, 서아, 상미는 대벌레 무리를 다시 한번 쳐다본 후, 발걸음을 빠르게 움직이기 시작했어요.

"이쯤 아니야? 우리가 장수풍뎅이 만난 곳."

도현이가 주변을 두리번거리며 말했어요.

"그래, 맞아."

"이 근처인 것 같아."

진우와 서아가 도현이를 향해 고개를 끄덕였어요.

세 아이는 어른들을 향해 말했어요.

"이쯤 같아요. 커다란 뿔에 사슴벌레의 큰 턱, 전갈 꼬리를 단 장수풍뎅이랑 마주친 곳이요."

"장수풍뎅이는 금방 찾을 수 있을 거예요. 크기가 진짜 이만큼 크거든요."

해성이가 두 팔을 벌리며 과장되게 말했어요. 서아와 도현이도 맞장구를 치듯 고개를 끄덕였어요.

"흩어져서 살펴보는 게 어때요? 너무 멀리 가진 말고요. 무언가를 발견하면 곧장 소리치기로 해요."

"네."

"좋아요."

상미의 말에 모두 찬성했어요. 여섯 사람은 천천히 숲을 살피기 시작했어요. 모두 신경이 곤두서 있었어요. 풀과 나뭇잎이 막대에 스쳐서 사그락사그락 소리를 냈어요.

바람이 나뭇잎을 스치는 소리, 먼 곳에서 들려오는 새 소리, 어디선가 울리는 찌르르르 곤충들의 울음소리…. 그중 도현이는 장수풍뎅이의 소리를 찾아 한 걸음 한 걸음 나아갔어요.

"부우우우웅~."

점점 가까이 다가오는 듯한 날갯짓 소리가 들렸어요. 도현이는 걸음을 멈추고 주변을 황급히 둘러보았어요. 쓰러진 나무 기둥 뒤로 장수풍뎅이의 큰 뿔이 올라왔어요.

"찾았어요!"

도현이는 서둘러서 외쳤어요. 해성이와 서아, 어른들이 달려왔어요. 해성이가 막대를 치켜들고 달려 나가려고 하자, 아저씨가 재빨리 붙잡았어요. 해성이는 놀란 눈으로 아저씨를 바라보았어요.

"위험하니 너희는 여기서 기다려라. 저 녀석은 나와 진우가 잡을게. 상미 씨, 애들 좀 지켜 줘요."

아저씨가 장수풍뎅이를 향해 다가갔어요. 아저씨의 손짓에 진우는 몸을 낮추고 반대편에서 장수풍뎅이를 향해 다가갔어요. 아저씨와 진우의 손에는 커다란 채집망이 들려 있었어요.

장수풍뎅이는 갑작스러운 공격에 놀라서 날개를 푸드덕거리며 날아올랐어요.

"치이이익 치이이익 끽 끽!"

장수풍뎅이가 나무에 앉아 소리 내어 울기 시작했어요. 진우와 아

저씨가 채집망을 휘두를 때마다 시끄러운 울음소리가 연신 울려 퍼졌어요. 장수풍뎅이는 좀처럼 채집망에 걸려들지 않았어요.

"치이이익 치이이익 끽 끽!"

"야, 이거 너무 커서 덤비질 못하겠어."

진우가 중얼거렸어요.

"크기도 크기지만, 저 괴물이 얼굴로 덮칠까 봐 무섭다고."

아저씨의 말이 떨어지기 무섭게 장수풍뎅이가 부우웅 날아올랐어요. 장수풍뎅이의 날갯짓 소리가 요란하게 울렸어요.

"무작정 덤비면 안 돼요! 뭔가 전략을 짜서 움직여야죠!"

상미가 아저씨와 진우를 향해 외쳤어요.

"으악!"

"으아아아! 아무 생각도 안 난다고요!"

날아오는 장수풍뎅이를 피하며 아저씨와 진우가 소리를 질렀어요.

"야, 김도현. 장수풍뎅이는 네 캐릭터잖아. 무슨 약점 없어?"

해성이가 발을 동동 구르며 외쳤어요.

"장수풍뎅이 몸을 뒤집어야 할 것 같은데….'"

어쩔 줄 몰라 하던 서아가 손톱을 이로 깨물며 중얼거렸어요. '맞아!'

도현이가 서아 말을 듣더니 상미에게 달려갔어요.

"누나! 들고 있는 막대기 좀 빌려주세요. 해성아, 나 좀 도와줘!"

"어? 어어!"

해성이가 얼른 도현이에게 달려갔어요.

"해성아! 막대기 반대편을 잡아."

해성이는 재빨리 도현이의 말대로 막대기 반대쪽을 손으로 잡았어요. 도현이가 다시 말했어요.

"장수풍뎅이는 배가 약점이야. 막대기를 몸통 아래로 넣어서 뒤집자."

"이해했어!"

"됐어, 가자!"

도현이와 해성이가 앞으로 나아갔어요. 그러고는 장수풍뎅이가 땅으로 내려와 뿔을 치켜들며 고개를 들어 올리는 순간을 놓치지 않았어요.

"이야아아압!"

두 아이는 막대기를 장수풍뎅이의 몸통 아래 밀어 넣고 힘껏 들어 올렸어요. 그 모습은 마치 거대한 수컷 장수풍뎅이들의 싸움과도 같았어요. 도현이와 해성이가 장수풍뎅이를 뒤로 벌렁 넘어뜨리는 데

성공했어요.

"와아아아!"

"넘어졌어!"

"뭐 해요, 어서 그물! 그물로 덮어요. 빨리요!"

상미가 당황한 얼굴로 외쳤어요. 아저씨와 진우가 재빨리 그물을 장수풍뎅이에를 향해 던졌어요. 장수풍뎅이가 버둥거리더니 파르르 파르르 몸을 떨었어요.

"야, 대단한데?"

"너희, 정말 멋져!"

연이은 어른들의 칭찬에 도현이와 해성이는 얼떨떨하기만 했어요. 워낙 순간에 벌어진 일이었거든요.

"전 그냥 옆에서 도와주기만 한 거지, 진짜 장수풍뎅이를 잡은 건 도현이에요."

해성이가 머리를 긁적이며 말했어요.

"아니에요, 장수풍뎅이 잡는 방법은 서아가 알려준 거예요."

이번엔 도현이가 얼굴이 빨개지며 말했어요. 서아가 놀라며 손사래를 쳤어요.

"너희가 잡았지, 전 그냥 말만 했을 뿐이야."

진우가 그런 세 아이를 향해 엄지를 치켜들며 말했어요.

"그러니까 결국 너희 셋이 힘을 합쳐 잡았다는 거잖아. 이야, 진짜 멋있다."

뒤에 서 있던 아저씨가 슬쩍 말을 더했어요.

"솔직히 나는 너희가 어려서 별 도움이 되지 않을 거로 생각했거든. 그런데 호흡도 척척 맞고, 순간 판단력도 좋구나. 용기도 있고!"

아저씨의 말에 세 아이는 어떻게 대답해야 할지 몰랐어요. 아저씨가 자신들을 어린아이로만 생각했다는 사실이 조금은 서운하지만, 인정을 받으니 기분이 좋기도 했어요. 어색한 분위기가 감돌자, 상미가 박수를 짝짝짝 치면서 말했어요.

"자자, 이제 남은 동물도 잡으러 가야죠. 우리 모두 힘을 합하면 쉽게 잡을 수 있을 거예요. 그렇죠?"

"네!"

도현이와 해성이, 서아가 큰 소리로 대답했어요.

진우와 성태 아저씨도 고개를 끄덕거렸어요.

10. 힘을 모아서

"진우 오빠, 지금이에요!"

"잡았다! 세 마리!"

"해성아, 이쪽이야!"

"아저씨, 잠깐만요. 조금만, 조금만 더, 더, 잡았다! 네 마리!"

세 아이와 세 어른은 연못가에서 열심히 빨간 개구리를 잡아나갔어요. 아저씨와 진우가 들고 온 포획망 덕분에 큼지막한 개구리도 어렵지 않게 잡을 수 있었어요.

눈썰미가 빠른 서아와 아저씨가 개구리의 위치를 말해 주면 진우와 해성이가 잽싸게 달려가 포획망으로 개구리를 잡았어요.

"누나, 개구리 그물에 넣을 때 손에 닿지 않게 조심하세요. 해성이가 아이템 조합할 때 독개구리 망토로 넣었거든요."

도현이가 집게로 개구리를 잡아 그물망으로 옮기고 있는 상미에게 주의를 주었어요. 상미가 깜짝 놀라서 말했어요.

"뭐? 너, 그거 장난이지?"

그러자 해성이가 얼른 말했어요.

"장난 아니에요. 색만 빨갛게 바뀐 건지, 진짜 유전자를 조작해서 독개구리로 만든 건지 저도 모르겠어요."

"갑자기 개구리가 엄청나게 무서워지네. 다행히 손에 안 묻었는데도 말이야."

상미가 손을 털며 말했어요. 그러자 해성이가 빙그레 웃으며 말했어요.

"그래도 벌써 반이나 잡았잖아요."

여섯 명은 호흡이 척척 맞았어요. 도현이가 마지막 남은 개구리를 그물에 옮기자, 지켜보고 있던 다섯 사람은 모두 자리에 털썩 앉으며 개운한 듯 큰 숨을 뱉어냈어요.

"처음엔 저 많은 개구리를 언제 다 잡나 걱정했는데, 생각보다 빨리 끝났는데요?"

"우리 정말 호흡이 척척 잘 맞는 것 같다."

진우의 말에 상미가 쿡쿡 웃으며 대꾸했어요.

"우리는 이미 예전부터 한 팀이에요. 나름 게임 안에서는 얼마나 자주 모여 싸웠다고요. 길드 전도 많이 했고, 어려운 맵도 같이 깼고…."

도현이가 길드 대장답게 말하자, 아저씨가 슬쩍 덧붙였어요.

"흠흠. 이걸 말할지 말지 고민했는데, 사실 대장, 부대장이 내 레벨 많이 올려줬어. 27레벨 호수의 저주 맵 기억나? 나는 그 맵이 어찌나 어렵던지, 길드 사람들한테 매번 같이 깨 달라고 게시판에 글 많이 올렸어. 그때마다 우리 대장, 부대장이 플레이해 줬지. 늦었지만, 너희에게 정말 고마웠다고 말하고 싶다."

아저씨가 세 아이를 향해 씩 미소 지었어요.

"그 말씀은, 형님께서 이제 우리 대장 부대장을 인정하신다는 거죠?"

진우의 장난에 아저씨의 얼굴이 붉어졌어요.

"인정은 진작부터 했어! 고맙다는 말을 못 했지."

장난치는 어른들을 보며 도현이와 해성이, 서아가 소리 내어 깔깔 웃었어요.

"전 요새 유전자 편집 동물 때문에 걱정을 많이 해서…. 그런데, 저게 뭐지?"

무언가 말을 하려던 서아의 눈이 갑자기 커졌어요.

화려한 색의 동그스름한 덩어리가 위치를 옮겨 가며 이리저리 움직이고 있었어요.

모두 서아가 가리키는 쪽으로 시선을 옮겼어요.

"저건 설마…."

"거, 거미 아니야?"

"거미라고? 날아다니는데?"

어른들이 한마디씩 했어요.

"거미도 날아요. 전기장으로 날 수 있대요. 제 캐릭터 기술 설명에 나와 있었어요."

"저기다, 서아 거미!"

해성이가 거미를 향해 달려가기 시작했어요.

"해성아, 같이 가야지! 위험해!"

아저씨가 달려가는 해성이를 보며 황급히 외쳤어요.

모두 달려갔지만, 거미는 어느새 사라지고 없었어요.

"와, 거미줄 크기 좀 봐. 걸려들면 어른도 꼼짝 못 하겠는데?"

아저씨가 놀란 얼굴로 중얼거렸어요. 어른들은 펼쳐진 장면을 믿지 못 하겠다는 듯 눈을 깜빡이며 허, 하는 소리를 내뱉었어요.

"살면서 이렇게 커다란 거미줄은 처음 봐요."

진우가 고개를 절레절레 흔들었어요.

"거미가 분명 근처에 있을 테니, 흩어져서 찾아보아요. 거미줄에 걸리지 않게 조심하고요!"

상미의 말에 모두 고개를 끄덕였어요.

일행과 떨어져 나무 사이를 걷던 서아는 자꾸만 몸이 움츠러들었어요. 친구들과 웃으며 장난스럽게 만들었던 호랑 무늬 거미를 처음 봤을 때의 충격이 아직도 생생하게 기억났어요.

게다가 도현이, 해성이와 함께 처음 숲길에서 만난 거미는 멀리서 보았는데도 비명을 지를 정도로 두려운 모습이었어요. 털이 북슬북슬한 열 개의 다리로 순식간에 자신을 향해 뛰어올라 거미줄을 뿜을 것만 같았거든요.

서아는 작은 소리에도 흠칫 놀라며 허공을 힐끔댔어요. 거미줄을 타고 날아다녔던 거대한 거미가 자기 머리 위에서 움직이고 있는 것 같았어요.

"어, 어, 으악!"

위를 보며 걷던 서아는 갑자기 손과 팔에서 느껴지는 진득한 느낌에 놀라서 소리를 질렀어요. 온몸의 털이 바짝 솟는 것 같았어요.

"서아야, 무슨 일이야?"

서아의 비명에 흩어져 있던 사람들이 달려왔어요. 서아의 온몸에 거미줄이 덕지덕지 달라붙어 있었어요.

"으악! 악! 악!"

서아가 몸부림치자, 주변에 있던 거미줄까지 서아의 몸에 달라붙었어요. 서아는 비명을 지르며 도망쳤어요.

"서아야, 멈춰!"

도현이와 해성이가 가로막았지만, 서아는 너무 놀라서인지 정신이 하나도 없는 것 같았어요. 그 모습은 마치 거미줄에 걸린 곤충의 발버둥처럼 보였어요.

"서아야, 진정해. 그래야 달라붙은 거미줄을 떼어낼 수 있어!"

"서아야, 괜찮아. 우리가 떼어 줄게!"

상미와 아저씨가 서아를 가까스로 붙잡아서 진정시켰어요. 덕분에 서아는 서서히 몸의 긴장을 풀었어요.

"자, 심호흡부터 하자. 천천히 숨을 쉬어 봐. 후우. 후우."

"후우. 후우."

서아는 아저씨의 말을 잘 따랐어요.

"그래, 잘했다. 이제 가만히 서 봐. 언니랑 아저씨가 나뭇가지로 몸에 붙은 거미줄을 깨끗이 떼어 줄 거야. 알았지?"

서아가 가만히 고개를 끄덕거렸어요.

"아저씨, 머리 위에 거미 있어요! 조심하세요!"

과연 해성이의 말대로 거미가 서아의 머리 위로 거미줄을 타고 대롱거리며 내려오고 있었어요. 거미는 거미줄에 돌돌 둘러싸인 서아를 자신의 먹잇감으로 생각하는 듯했어요. 거미가 서아를 잡으려는 듯 다리를 뻗었어요.

"잡아!"

아저씨가 소리쳤어요. 진우와 해성이가 채집망을 들고 휘둘렀어요. 아저씨와 상미는 잽싸게 머리를 숙이며 자세를 낮췄어요. 허공에 대롱대롱 매달려 있는 거미는 흔들거리면서 용케도 채집망을 비켜 갔어요.

상미가 서아를 끌어당겨서 거미를 피해 자리를 옮기도록 도왔어요. 서아는 놀라서 울음을 터뜨렸어요. 상미는 손끝이 부들부들 떨렸어요. 영화에서 보았던 대형 거미 타란툴라도 유전자 편집 거미에 비할 바가 되지 못했어요.

도현이가 나서서 포획망을 던졌어요. 세 사람이 힘을 합치니, 궁지에 몰린 거미는 결국 잡히고 말았어요.

거미는 탈출하려고 열 개의 다리를 움직이며 발버둥 쳤어요. 진우는 거미가 빠져나오지 못하게 포획망 입구를 땅바닥에 꽉 붙이고 막대로 힘주어 눌렀어요. 아저씨가 진우에게 황급히 달려갔어요.

"진우야. 거미를 그물에 넣자."

"네, 형님. 한번 해 볼게요."

그런데 거미가 자꾸 빠져나가려고 발버둥 쳐서 쉽지 않았어요.

"으, 으아. 이게 생각보다 어렵네요. 거미가 너무 커요. 게다가 자꾸 움직이니까 그물 속으로 옮기기도 힘들고…. 제가 손으로 밀어서 넣어 볼게요."

그러자 도현이가 외쳤어요.

"조심해요, 형! 걔 말벌 독침 있어요!"

진우는 포획망을 바닥에 내려놓고 거미에게 다가갔어요. 털이 가득한 열 개의 다리가 그물 밖으로 삐져나와 진우를 향해 움직였어요. 진우가 포획 그물을 양손으로 잡고 쓸어 담듯 거미를 그물 속으로 밀어 넣었어요. 그때 거미가 진우의 손을 향해 바짝 꼬리를 내밀었어요.

"으악!"

진우는 깜짝 놀라서 들고 있던 그물을 던졌어요. 그 틈에 거미가 바깥으로 빠져나와 도망쳤어요. 도현이가 황급히 그 위에 그물망을 던졌어요. 아저씨가 다급하게 외쳤어요.

"진우야, 독침에 쏘이면 위험해! 잡으려 하지 말고 그냥 죽여!"

"아무래도 그게 낫겠죠? 몇 대 치면 죽을 것 같은데요?"

"내리치거나 할 거 없어? 넓적한 돌 같은 것."

서아가 아저씨와 진우의 대화를 듣더니 놀라서 소리쳤어요.

"안 돼요! 죽이지 마세요!"

진우와 아저씨가 동그래진 눈으로 서아를 바라보았어요.

"죽이지 말라고? 서아야, 이건 그냥 곤충이 아니야. 괴물이라고. 자 첫하면 우리 목숨이 위험해질 수 있어."

"저도 무서워요! 진짜 무서운데, 그래도 죽이기는 싫어요."

"서아야, 그래도 이 거미는 진짜 위험해. 독침에 쏘이기라도 하면…."

"걔를 그렇게 만든 건 저예요. 제가 독침이랑 날개를 달아서 그렇게 된 거라고요. 전 그냥 장난처럼 한 건데…. 그러니까 연구소로 보내주어야 해요. 원래 모습대로 돌려주어야 해요."

아저씨는 서아 말에 잠시 망설이며 괴물 거미를 내려다보았어요.

"죽이지 않으면 안 돼요? 살아있는 동물을 죽이기 싫어요. 얘들, 연구소로 보내려고 잡는 거잖아요."

"맞아요. 몰래 버린 것도 모자라 죽이기까지 한다면…. 그건 진짜…."

해성이와 도현이의 목소리가 떨렸어요.

아저씨는 아이들의 말에 한숨을 푹 내쉬었어요.

"그래, 너희 말이 옳다. 이건 쉽게 죽이고 다시 살아나는 게임이 아니지. 죽였다가 나중에 후회할 수도 있고. 그럼, 이놈을 어떻게 해야 하지?"

상황을 지켜보던 상미가 입을 열었어요.

"이건 어때요? 두 사람이 양쪽 그물 끝을 잡고 동시에 들어 올려서 거미를 안쪽으로 보내는 거예요. 그런 다음, 최대한 멀찍이 서서 윗부분을 묶고요."

"좋아요. 한번 해 볼게요."

진우와 아저씨가 상미 말대로 해서 거미를 그물에 넣는 데 성공했어요. 최대한 거미와 멀찍이 떨어져 그물을 들어 올리느라 시간이 좀 걸렸지만요.

어느새 숲이 어둑해지기 시작했어요. 여섯 사람 앞에는 커다란 그물망 세 개가 놓여 있었어요. 유전자 편집 동물들은 그 안에서 연신 벗어나려고 버둥거렸어요.

"이제 이 애들을 어떻게 하죠? 곤충연구소로 바로 보내야 하나요?"

진우가 한숨을 쉬며 말했어요.

"그건 걱정하지 마. 동물 포획이 끝나면 환경과학원에서 이 애들을 데려가기로 했거든."

"네? 곤충연구소가 아니라 환경과학원이요?"

서아가 놀라서 상미 얼굴을 보며 물었어요.

상미는 아이들과 만난 후 즉시 환경과학부에 연락해서 부탁했어요. 아이들과 함께 유전자 편집 동물을 포획할 테니, 조사하고 분석해 달라고요. 전국에서 벌어지는 각종 사태를 조사 중이던 환경과학부에서는 상미의 요청을 흔쾌히 수락했어요. 온라인에서 떠도는 유전자 편집 동물이 실제로 존재하는지에 대한 조사가 난항을 겪고 있었기 때문이지요. 이벤트에 당첨된 대다수 사람은 받은 동물을 연구소로 돌려보냈다고 잡아떼곤 했어요.

"응, 유전자 편집 동물은 전문적인 분석이 필요할 것 같아서. 요즘 전국에서 벌어지는 이상한 일들과도 분명 관계가 있는 것 같고 말이야."

이미 부서 관계자들이 공원 입구에서 기다리고 있다는 상미의 말에 아저씨와 진우가 감탄한 듯 손뼉을 쳤어요.

반면 아이들은 시무룩한 얼굴로 고개를 떨구었어요.

"죄송해요. 저희는 그냥 장난삼아 한 일인데, 이렇게 일이 크게 벌어질지 몰랐어요."

"저도요. 대충 비슷한 곤충을 보내주는 줄 알았는데…."

"게임으로 그냥 아이템만 추가한 건데, 진짜 이렇게 될 줄은…."

아이들이 한마디씩 하자, 진우가 미소 지으며 위로하듯 한 명씩 어깨를 토닥여 주었어요.

"괜찮아. 어른인 나라도 이런 일이 생길 것은 예상 못 했을 거야."

이번엔 아저씨와 상미가 연이어 말했어요.

"그래, 얘들아, 이런 이벤트를 만든 회사가 문제인 거지. 생각할수록 이 곤충연구소 게임 회사가 좀 수상하긴 하다."

"이벤트 공지에 연구소로 곤충을 보내달라는 문구가 없었다고 했지? 뒤늦게 연구소로 보내달라고 한다니, 아무래도 이번 일은 우리끼리 끝낼 일이 아니에요. 대중의 관심을 모아야 할 필요가 있어요. 이 연구소, 정말 유전자 편집 동물을 만드는 거 허가받은 거 맞을까요?"

"우리가 할 수 있는 일은 여기까지야. 더 큰 일은 온라인으로 모여서 해야 해. 더 많은 사람과 함께 말이야. 우리, 이제 게임에서 만나자."

"네!"

아이들은 모두 고개를 끄덕이며 크게 대답했어요.

11. 찐짜 곤충연구소

다음 날 오후, 곤충연구소 공식 홈페이지 게시판에 유전자 편집 동물을 포획한 내용을 담은 글이 올라왔어요. 글을 올린 사람은 도현이와 해성이, 서아였어요.

아이들은 이벤트에 참여한 이유와 자신들이 조합한 캐릭터의 모습, 한마음 공원 안 평온의 숲길에서 겪은 두 차례의 일을 자세하게 설명했어요. 그러고는 글 하단에 아저씨와 상미, 진우와 함께 포획한 동물들의 사진도 올려두었어요.

이날 아이들이 올린 게시글에는 댓글이 수백 개 달렸어요. 아이들은 함께 모여 댓글을 하나하나 읽어 보았어요.

- 와, 설마 했는데 그동안 벌어진 이상한 일들이 진짜 유전자 편집 동물 때문이었다니….
- 우리 공원도 비슷한 상황인데, 저도 길드 사람들이랑 살피러 가 봐야겠어요. 누가 몰래 동물을 버려놨을지 모르니까요.
- 곤충연구소는 왜 여태 아무런 공지를 올리지 않나요? 회사 차원에서 조치가 필요할 것 같은데요?
- 와, 저 크기 좀 봐! 유전자 조작을 어떻게 했으면 거미가 저렇게 변하나요? 무섭다, 진짜!
- 저만한 크기의 장수풍뎅이가 덤비면 성인도 지겠는데요.
- 이번 주말, 후성동 뒷산에 유전자 편집 동물 포획하러 다녀올 회원 찾습니다.

댓글이 늘어날수록 전국 각지에서 유전자 편집 동물이 버려져 있는지 찾으러 가 보겠다는 사람이 많아졌어요. 아이들이 올린 글 위로 유전자 편집 동물 포획을 위한 게임 유저들의 오프라인 모임 모집 글이 계속해서 올라왔어요.

이날 이후로도 곤충연구소 게시판에는 꾸준히 유전자 편집 동물을 포획했다는 인증 글이 올라왔어요. 인증 글에서는 도현이와 해성이, 서아가 받았던 이벤트 동물처럼 거대한 크기로 변했거나, 여러 곤충

과 동물의 모습이 아무렇게나 더해진 괴상한 생물들의 사진이 있었어요.

인증 글이 계속해서 올라오자, 곤충연구소의 침묵을 질타하는 사람들의 목소리도 점차 많아졌어요. 결국 유전자 편집 동물 사건은 온라인에서 큰 화제가 되었고, 각종 뉴스와 언론사에서도 앞다투어 곤충연구소가 진행한 이벤트에 관한 소식을 전하기 시작했어요.

부족한 식량과 질병 치료에 있어 유전자 편집 기술의 발전은 인류의 희망이 될 수 있습니다. 그러나 유전자 편집에 관한 체계적이고 엄격한 법이 마련되어 있지 않습니다. 긴 진화의 과정을 거쳐 온 수많은 생명체가 유전자 편집을 통해 어떤 모습으로 재탄생하고, 또 어떤 결과를 가져올지는 아무도 모릅니다.

전국에서 벌어진 이번 사태를 우리는 좀 더 깊이 생

각해 보아야 합니다. 점점 더 발전해 가는 유전자 편집 기술을 갖춘 우리의 미래는 과연 어떤 모습일까요.
KBN 정영수 기자였습니다.

연이은 언론 보도에 결국 곤충연구소 게임 회사에서는 공식 사과문을 게시하고, 망가진 숲과 산, 공원 등 자연 생태 환경을 복구하기 위해 최선을 다하겠다는 약속을 하였어요.
또한 사람들이 포획하여 보내온 유전자 편집 동물들이 적응하여 살아갈 수 있는 인공 생태 환경을 조성하여, 향후 유전자 연구에 도움을 줄 수 있도록 연구 지원을 하겠다고 약속했어요.

오후 세 시, 해성이와 도현이는 방과 후 수업을 끝내고 운동장 가장자리에 놓인 벤치에 앉아서 서아를 기다렸어요.
"너, 봤어? 어제 올린 글에 댓글 달린 거?"
"응. 아저씨랑 진우 형, 상미 누나도 댓글 달았더라. 우리랑 함께하겠다고. 아! 진우 형이 답글 단 거 너도 봤지?"
그때 서아가 뛰어오더니 서두르며 물었어요.
"아니, 뭐라고 올렸는데?"

해성이는 서아와 도현이에게 진우가 남긴 답글을 소리 내어 읽어 주었어요.

"여러분, 제가 이 아이들이랑 유전자 편집 동물을 잡으러 갔는데, 지금 한마음 숲길은 34레벨부터 들어갈 수 있는 황폐한 숲 맵이랑 흡사했습니다. 숲길만 걸어도 곤충연구소 실사 VR 게임을 하는 기분이었어요. 봉사도 하고 게임 분위기도 만끽할 수 있는 일거양득의 기회입니다. 그래서 저는 이번 주에도 이 아이들이랑 숲에 가 보려고요. 흐흐흐."

다 듣고 나자, 서아와 도현이는 크크크 소리 내서 웃었어요.

"역시 진우 오빠는 재미있다니까."

"진우 형 아이디가 기사도랬지? 아이디 들으니까 기억나더라. 형이랑 곤충연구소 던전 깨러 같이 게임 한 적 많아. 게임에서 만났을 때는 말도 없고 조용하더니, 직접 만나 보니 또 다르네."

도현이가 씩 웃으며 말했어요.

"진우 형에게 봉사 끝나고 게임 한 판 같이 하자고 해 볼까? 어때?"

해성이의 말에 서아와 도현이가 고개를 끄덕거렸어요.

유전자 편집 동물을 모두 잡았는데도, 여전히 공원을 찾는 사람이 드물었어요. 이상한 동물들은 사라졌지만, 변해 버린 숲은 단번에 예전의 모습으로 돌아오지 못했거든요. 여전히 숲에는 거미줄이 가득했고, 벌레 떼도 득실거렸어요.

　게임 회사 공식 사과 이후, 모든 일이 차근차근 해결되고 있었지만, 아이들의 마음은 여전히 불편했어요. 새 소리와 풀벌레 소리가 가득하던 예전 평온의 숲길을 떠올리면 더욱더 그랬어요.

　누구랄 것도 없이 아이들은 매일 밤, 잠을 자려고 침대에 누우면 어둡고 음침한 숲이 생생하게 떠올랐어요.

　곤충연구소 홈페이지에 유전자 편집 동물 인증 글을 올린 지 일주일이 지났을 때, 도현이는 해성이와 서아에게 한 가지 제안을 건넸어요. 말을 듣자, 해성이와 서아의 표정은 환하게 변했어요.

　아이들은 함께 곤충연구소 공식 홈페이지 게시판에 새로운 글을 올렸어요. 글의 내용은 망가진 한마음 공원을 돌려놓기 위해 마을 봉사단을 모집한다는 것이었어요. 아저씨랑 진우, 상미가 같이하겠다고 댓글을 달아 주니, 사람들이 관심을 보이기 시작했어요.

　"함께 노력하면 숲이 더 빨리 전처럼 돌아올 수 있겠지."

　"다시 한마음 공원에 사람들이 많아지면 좋겠어."

　"그래, 우리가 앞장서서 열심히 하자."

서아 말에 도현이와 해성이가 차례로 대꾸했어요.

아이들은 잠시 말이 없었어요. 세 아이의 머리 위로 잠자리 한 마리만 홀연히 날아다니고 있었어요. 해성이가 갑작스러운 말을 했어요.

"아, 맞다! 너, 캐릭터 바꿨던데?"

"뭐? 도현이, 캐릭터 바꿨어? 장수풍뎅이는 어떡하고? 캐릭터 바꾸면 전설 아이템 못 쓰잖아."

서아가 깜짝 놀라는 얼굴을 했어요.

친구들의 반응에 도현이가 멋쩍은 얼굴을 하면서 곤충연구소 게임을 실행했어요. 게임에 접속하자, 도현이의 휴대전화 화면에 새롭게 바꾼 캐릭터의 모습이 보였어요.

"어라, 진짜 바꿨네? 게임 시작할 때부터 장수풍뎅이만 키웠잖아. 다시 시작하려고? 이번 일 때문에 신경 쓰여서 그래?"

해성이와 서아는 애지중지 레벨을 올리던 곤충 캐릭터를 바꾸는 일이 얼마나 힘든 결정인지 누구보다 잘 알고 있었어요. 유전자 편집 동물 사건이 있던 후에도 여전히 곤충연구소 게임 속에는 전설 아이템을 착용한 채 여러 곤충과 동물을 조합한 캐릭터를 쓰고 있는 사람이 많았어요.

"설마 캐릭터를 삭제한 건 아니지? 너, 그러면 정말 후회할지 몰라."

해성이가 도현이를 향해 심각한 얼굴로 말했어요. 도현이는 피식 웃으며 휴대전화를 내밀었어요. 화면 속에는 숲속에서 만난 거대한 장수풍뎅이와 똑같은 모습의 캐릭터가 있었어요.

"안 지웠어. 시작할 때부터 얘랑 같이 게임 했는데, 어떻게 지워. 아까워서 차마 지우지는 못하겠더라."

"휴, 다행이다. 혹시나 마음 바뀔지 모르니, 걔는 절대 삭제하지 마라."

해성이는 안도하며 숨을 내쉬었어요.

"마음 안 바꿔어. 얘 보면서 이번 일 계속 기억할 거야."

"오, 김도현? 좀 컸는데?"

해성이의 장난스러운 말투에 도현이는 주먹을 쥐어 보이는 시늉을 했어요. 둘을 보며 서아는 빙그레 웃음을 지었어요.

"새로운 캐릭터는 뭐로 하게? 전에 키워 보고 싶다고 한 장수말벌?"

해성이는 도현이의 휴대전화를 향해 고개를 쭉 내밀었어요.

"아니, 비단벌레."

"비단벌레? 그런 곤충이 있어?"

서아가 고개를 갸우뚱했어요.

도현이가 내민 화면 속에는 황금빛 배와 무지개무늬 날개를 가진 아름다운 곤충이 있었어요. 금빛 장식의 망토 아이템을 입혀두어 더욱 빛이 났어요.

"이거 곤충연구소 게임에선 선택할 수 없는 거야. 멸종위기 곤충이거든. 그래서 내가 커스텀으로 만들고 이름을 바꿨지. 나중에 정식 캐릭터로 등록해 달라고 홈페이지에 요청할 거야."

"멸종위기 곤충이라고?"

해성이와 서아가 동시에 물었어요.

"응. 이번 일 겪고 나서 좀 생각한 바가 많거든. 장난이랍시고 클릭 몇 번 해서 이상한 곤충 만들어놓고 좋아했는데, 실제로 보니까 무섭더라고. 곤충연구소 게임을 그만둘 생각은 없고, 내 마음대로 만든 곤충을 더 이상 쓰고 싶지도 않고…. 그러다가 멸종위기 곤충을 조사해서 알려보면 좋겠다고 생각했어."

"김도현, 좀 멋진데?"

해성이가 대견스럽다는 듯이 말했어요.

"사람들에게 알리면 멸종 곤충을 보호하고, 찾아내고 그럴지 모르니까…."

"좋아! 그럼 나도 캐릭터 바꿔서 같이 키운다. 나한테도 좀 알려줘. 멸종위기 곤충, 그거 나도 할래."

해성이가 맞장구쳤어요.

"뭐야, 너희만 좋은 일 하고. 나도 알려줘, 나도 나도!"

서아가 방방 뛰자, 도현이는 씩 웃으며 아이들에게 자신이 찾아 둔 멸종위기 곤충 사진을 보여주기 시작했어요.

"자, 캐릭터 커스텀 창으로 들어가서 기본 곤충 모양을 선택하고…."

아이들은 새로운 캐릭터를 만들어 나갔어요.

유전자 편집이 아닌, 진짜 곤충의 모습으로 말이에요!